ACIMA DA MÉDIA

Descubra como alcançar o sucesso em qualquer área da sua vida

Copyright © 2021 Gabriel Preuss
Todos os direitos reservados.

DEDICATÓRIA

É incrível como a vida é uma eterna via de mão dupla em que você recebe tudo que transmite. Esse livro é dedicado para todas as pessoas que desejam alcançar o sucesso durante a vida, seja este pessoal ou profissional.

Mas acima de tudo, dedico esse livro à minha família que sempre me permitiu arriscar meus voos e aprender com as quedas e com o bater de asas. Família essa que nunca faltou com amor, paciência e dedicação.

Também dedico esse livro ao grande amor da minha vida que todos os dias me mostra que o sucesso é em partes oriundo da forma como compartilhamos a vida, o bem querer e a vontade insaciável de ver alguém feliz. Obrigado por estar comigo nas batalhas e nas vitórias, obrigado por ser quem você é e por me fazer sentir o sabor doce do amor, dia após dia.

E por último, mas não menos importante, dedico esse livro ao meu grande ídolo, que foi inspiração para esse livro e que é a pessoa mais acima da média que já conheci. Com ele não só aprendi, mas discuti boa parte do que vos falo nesse livro. Com ele compartilhei os momentos mais puros e simples da vida e senti na pele tudo que o amor, a bondade e o trabalho combinados podem fazer. Obrigado vô, por ser quem você sempre foi e por me inspirar a ser todos os dias uma pessoa melhor, mais comprometida e mais preocupada em primar por um legado de bondade.

ÍNDICE

O AMOR É A CHAVE-MESTRA 5
ATUALIZE SEU SISTEMA 15
SEJA UMA ESPONJA 21
O PODER DA ROTINA 27
TENHA UMA VÁLVULA DE ESCAPE 37
APAIXONE-SE PELO PROCESSO 47
NETWORKING 53
ANTES SÓ, QUE MAL ACOMPANHADO 61
COMO LIDAR COM A OPINIÃO ALHEIA 69
SUJEITE-SE 75
SEJA HUMILDE, NÃO TROUXA 83
O PODER DA GRATIDÃO 91
AUTOAVALIAÇÃO 99
ROTAS ALTERNATIVAS 109
A BUSCA PELO EQUILÍBRIO 117
DESFRUTE O SUCESSO 127
VIVA PARA TER O QUE LEMBRAR 135
ANTES FEITO QUE PERFEITO! 143

O AMOR É A CHAVE-MESTRA

O que é sucesso para você?

A primeira frase da nossa trajetória nesse livro precisa ser essa...

Afinal, estamos sempre buscando alcançar o sucesso de alguma forma.

Se você busca chegar em algum lugar, precisa saber aonde. Afinal, você já viu alguém viajar sem saber o destino da viagem?

Pois é, estabelecendo um destino fica muito mais fácil planejar o trajeto.

Mas aqui nesse livro, nós vamos construir juntos o nosso próprio conceito de sucesso.

Existem duas vertentes de sucesso que podemos considerar:

A primeira, que vamos chamar de preditiva define o sucesso como um ponto final de inércia, onde você luta durante a carreira, passa por desafios, sofrimentos e contradições até alcançar a estabilidade profissional e financeira.

Nessa vertente, o sucesso é visto como um destino, algo a ser alcançado e conquistado a partir de um momento emblemático.

Esse momento emblemático pode ser a aprovação em um concurso, a fundação de uma empresa, ou um contrato de serviços pretendido.

A segunda vertente que chamaremos de experimental, por sua vez, considera o sucesso como uma conquista constante.

Todos os dias são dignos de sucessos ou fracassos, e isso se relaciona diretamente com o amor que você tem por aquilo que você faz.

Nesse caso, o sucesso não é algo que se conquista lá na frente, depois de lutas e sofrimentos, mas algo que se apresenta dia após dia, atividade após atividade.

Sabe aquela frase de que quem ama o que faz não trabalha um dia se quer na vida?

Pois é, essa frase é o puro retrato da nossa segunda vertente de sucesso.

E qual faz mais sentido?

Sem demagogia ou hipocrisia, é você que deve definir o próprio conceito de sucesso.

Sim, não sou eu que vai dizer o que é certo ou errado pra você.

A ciência mostra dia após dia que somos seres únicos e cada ser humano cria a própria verdade de acordo com suas experiências e sua realidade.

Por isso, ao longo de todo o livro eu vou te mostrar o que pode ser feito para alavancar seu crescimento pessoal e profissional, mas não espere que eu te mostre uma verdade absoluta. A própria ciência prova que a verdade é uma concepção individual.

Seguindo nossa linha de raciocínio entre as vertentes do sucesso, nitidamente nós temos um perfil de sucesso correndo menos riscos, e outro mais ousado, em dois formatos diferentes.

Veja:

A vertente preditiva, considera que seu ponto final de inércia é tudo que você sempre sonhou.

Pode ser estabilidade e valorização, muito dinheiro, fama ou o que quer que você tenha como objetivo de vida.

Nesse caso, você aposta sua carreira e sua vida visando um ponto final baseado em algo que você nunca vivenciou.

Você arrisca a vida pensando que quando tiver dinheiro, fama, estabilidade você alcançará a felicidade.

Por isso, antes de saber exatamente como as coisas serão, você aposta o que tem de mais valioso, que é a vida.

É algo como fazer *day trades* na bolsa de valores, ou jogar na loteria, você tenta prever como as coisas serão.

Por outro lado, na segunda vertente de sucesso, você tem maior flexibilidade para mudar a trajetória e moldar sua vida.

Como você experimenta o sucesso todos os dias, é muito mais fácil você identificar se o sucesso pré-concebido é de fato o que você considera sucesso, o que te fará feliz durante a vida.

Ao ponto que na vertente preditiva você aposta em um sucesso desconhecido, na vertente experimental você experimenta o sucesso corriqueiramente.

Percebe como são perfis de segurança opostos?

Na vertente preditiva você arrisca a vida pelo futuro, enquanto na vertente experimental você testa sua própria trajetória o tempo todo, tendo maior controle das possibilidades.

Contudo, olhando de outro ângulo os papeis se invertem, veja:

Ao mesmo tempo que você sonha com um futuro pré-determinado você luta por algo no qual perseguirá até alcançar. Sendo assim um perfil conservador de certa forma, já que ainda que demore, você sabe que é lá que mora seu futuro.

Na vertente experimental, você experimenta o sucesso e o fracasso dia após dia, mas sem um planejamento de carreira, você pode andar em círculos e se perder no meio do caminho.

Por isso, independentemente da vertente que você entenda que faz mais sentido para você, uma coisa que você sempre deve manter por perto, é a autoavaliação.

Eu digo autoavaliação no sentido de refletir suas ações e perspectivas constantemente. Durante a vida nossos sonhos e objetivos mudam, e cada vez que eles mudarem, nosso planejamento também precisa mudar. Caso contrário estamos traçando o caminho mais curto para a frustração pessoal e profissional.

Durante essa autoavaliação, é importante que ela seja totalmente individual.

Você deve conhecer alguém que optou por seguir uma carreira por conta da pressão familiar, e viveu a vida frustrado (eu mesmo conheci um médico que tinha o sonho de ser biólogo e desperdiçou 50 anos vivendo uma verdade que não era dele).

Por isso, aqui eu te faço um apelo: escolha sua própria vertente de sucesso, tenha suas próprias verdades, mas em HIPÓTESE ALGUMA escolha algo que não faz seu coração bater mais forte.

Esse é o primeiro pré-requisito para uma vida acima da média.

O que faz uma pessoa estar acima da maioria, é somente a forma como ela enxerga as coisas.

Você já considerou um atendimento excelente após ter sido tratado com desprezo ou desinteresse?

Sabe aquele professor que você nunca viu expressar um sorriso, ou aquele funcionário do banco que a própria presença deixa o ambiente pesado?

É disso que eu estou falando.

Por outro lado, você já deve ter conhecido um varredor de ruas ou coletor de lixo que passa sempre por você cantando, sorrindo e esbanjando simpatia, aquela pessoa que com um gesto te mostra que seu dia pode ser melhor.

A única diferença entre esses dois tipos de pessoas, é a forma como elas veem suas atividades.

Uns odeiam o que fazem e se tornam os vilões da própria história.

Outros, por mais que pouco compreendidos passam pela vida cativando corações e refletindo a felicidade.

A grande questão então é a forma como você lida com sua própria rotina.

Se você ama o que faz, suas atividades deixam de ser um martírio e tornam-se um prazer.

Isso faz com que atividades dignas de sofrimento para a maioria, tornem-se brincadeira de criança para você. E isso abre portas durante toda a sua vida, seja pessoal ou profissionalmente.

Agora me responda você, uma pessoa que faz brincando o que a maioria das pessoas faz sofrendo, pode ser definida como?

Exatamente! Acima da média.

Se eu pudesse fazer você levar para a vida uma frase desse capítulo, seria: para ser acima da média, você precisa abrir portas! E o amor é a chave-mestra!

ATUALIZE SEU SISTEMA

Em plena era tecnológica você já deve ter reparado como tudo tem obsolescência acelerada. Ou seja, tudo se torna ultrapassado cada vez mais rápido.

Até pouco tempo atrás, privilegiado era quem podia usufruir do principal meio de comunicação disponível – o rádio.

Hoje, controlar seus eletrodomésticos e até suas lâmpadas via comando de voz é acessível à maioria da população.

Sabe o que aconteceu com o rádio, que dominou o mundo há algumas décadas? Praticamente desapareceu!

O desaparecimento do rádio prova que por mais atual e útil que algo seja, se não se atualizar será substituído por algo mais novo, mais eficiente e mais barato.

É exatamente isso que acontece com quem deixa de se atualizar!

Se você olhar ao seu redor, vai perceber que cada vez mais aquele formato de loja onde os vendedores "atacam" os possíveis clientes ficando na porta das lojas e abordando ativamente o público, dá lugar às lojas onde o próprio cliente encontra seu produto, prova e paga autonomamente – como no *ecommerce*.

E por que isso acontece? Porque a vida e o comportamento das pessoas mudaram – o mercado se atualizou.

Você deve saber que durante 2020, uma das empresas que mais cresceu nos últimos anos e continua crescendo no Brasil, é a varejista Magazine Luiza, certo?

E sabe por que ela cresce tanto? Porque não absteve a se atualizar!

Do mesmo modo, empresas como a gigante americana Forever 21, que se recusaram a se atualizar na forma de vender, decretaram falência.

Independente se você é empresário, empregado ou acadêmico, sempre que você estiver obsoleto, fatalmente você será substituído por alguém mais atualizado que você.

Essa é a principal causa das demissões de funcionários de longa data nas empresas. Chega um momento em que o preço da desatualização fica muito mais alto que pagar mais à alguém que acompanha o desenvolvimento do mercado.

Isso é muito óbvio para você, que está lendo esse livro agora, mas com certeza não é tão claro assim para seus colegas de trabalho que fazem a mesma coisa há 15 anos e não percebem que dia após dia, tornam-se menos eficientes e as chances de demissão aumentam.

O que eu quero dizer, é que não é porque é óbvio, que é fácil!

É muito simples cumprir sua rotina de trabalho do mesmo jeito que você vem fazendo, chegar em casa, tomar banho, comer, assistir televisão, dormir e amanhã fazer tudo de novo.

E é por isso, que a maioria das pessoas faz isso dia após dia, sem perceber o quanto estão ficando para trás.

Você já deve ter percebido que ser acima da média, é fazer o que a maioria não faz.

Você vai se esforçar mais que os outros? Vai! Mas também vai chegar aonde os outros não chegam!

Por isso, mesmo que você veja que todos ao seu redor estagnaram, não se atualizam e permanecem na inércia de conhecimento, não seja influenciado pela maioria!

Uma das capacidades notórias de quem cresce acima da média, é a capacidade de prever a mudança, a atualização.

Pode parecer que se atualizar ou prever a mudança são coisas muito difíceis, mas a verdade é que manter-se atualizado é muito mais fácil do que você imagina.

Você não precisa passar 3 horas por dia lendo sobre as tendências do mercado, ou estudando um assunto que pode ser útil no seu trabalho. Mas você pode separar um período de um dia da semana para isso, ou 20 minutos por dia para se atualizar sobre as mudanças do seu mercado.

Perceba que 20 minutos por dia lhe dão 2 horas e 20 minutos por semana, 9 horas por mês e 108 horas por ano de vantagem na frente dos seus concorrentes.

Estar acima da média é simples, mas não é fácil!

No primeiro capítulo desse livro, vimos que o amor abre as portas na sua carreira, nesse capítulo vimos que cabe a você manter as portas abertas atualizando-se.

SEJA UMA ESPONJA

Nem sempre estaremos onde queremos estar, mas nem por isso devemos deixar de crescer.

Você já reparou em como uma esponja se torna mais pesada à medida que é preenchida com água? Da mesma forma, caso mantenha-se em um local seco, não há aumento algum!

É assim também que funciona nossa capacidade de aprendizagem.

Diferente das esponjas, que não escolhem quando irão aumentar ou não de peso, nós podemos aumentar nosso conhecimento independente do meio que estivermos. Já dizia Esopo: "Ninguém é tão pequeno que não possa ensinar nem tão grande que não possa aprender."

O que eu quero dizer aqui é que mesmo que você precise trabalhar em um processo que não seja seu objetivo no momento, sempre é tempo de aprender algo novo.

A gente nunca sabe ao certo quando usaremos um conhecimento aprendido, mas você com certeza já passou por uma situação na qual lembrou o quão importante foi ter aprendido algo antes de ter passado por aquela situação.

Um exemplo prático disso foi o que aconteceu durante meu mestrado.

Devido às análises estatísticas do meu trabalho, me dediquei a aprender programação de computador, linguagem R mais especificamente.

Durante alguns meses estudei a fundo aquela linguagem de programação. Algum tempo depois, resolvi criar meu treinamento online para escrita de trabalhos acadêmicos (TCC, tese, dissertação, artigo científico), para isso precisei desenvolver meu site (www.treinamentoaprova.com).

Enquanto outras pessoas passavam dias procurando tutoriais ou comprando cursos para o desenvolvimento de sites, eu apliquei meu conhecimento de programação no meu próprio site, o que me fez concluí-lo em pouco tempo e possibilitado a chance de contribuir com sites de amigos e estabelecer parcerias importantes para o meu negócio.

O conhecimento é o que faz você cada vez maior e mais valorizado. E do mesmo jeito que uma esponja nunca recusa a incorporação da água, nós não devemos nos abster de absorver o conhecimento.

Desde pequeno eu ouço do meu pai e do meu avô: "conhecimento não ocupa lugar".

E hoje eu entendo do que isso se trata, e o quão importante isso pode ser para a sua vida.

Cada vez que você encontrar uma oportunidade para aprender, não titubeie é isso que você precisa fazer!

Eu sei que tem coisas que a gente absorve mais fácil, e outras que levam mais tempo ou que nem fazemos questão de absorver. E isso é normal, por isso que o primeiro capítulo desse livro fala do sentimento pelas coisas.

Tudo que a gente gosta, que a gente sente prazer de gastar o tempo é muito mais rapidamente absorvido.

Pense na escola, ou na faculdade: era mais fácil absorver o conteúdo de física/química/cálculo, ou a trama da série ou do seu filme favorito?

Com certeza da série ou filme porque você sente prazer em assistir aquilo, prende sua atenção e te envolve na trama.

Você sempre terá mais facilidade para aprender uma coisa, e menos para aprender outra, mas o que eu quero dizer é que cabe a você não se incomodar por estar vivenciado um aprendizado que não é algo que você ame.

Absorver o que é prazeroso, o que a gente gosta é fácil para todo mundo, para a imensa maioria das pessoas.

Ater-se somente ao que é prazeroso, é o que constrói a maioria. Contudo, o intuito de você que está lendo esse livro é não fazer parte da maioria, e sim ser acima da média.

Portanto, o próximo passo da nossa trajetória rumo à uma carreira acima da média, é absorver o conhecimento que os outros não absorvem.

Sabe aquela expressão "você está deixando dinheiro na mesa"?

Aqui nesse capítulo, nós transformaremos em "você está deixando conhecimento na mesa".

Quanto menos absorvível for o conhecimento que você tem, mais valioso ele será.

É a básica lei da oferta e da procura. Se você sabe uma coisa que os outros não sabem, você tem o conhecimento que poucos tem, que é raro. A raridade por sua vez, está pautada na valorização. É como o diamante, que custa caro porque não é comum.

Do mesmo jeito que ninguém encontra um diamante em qualquer esquina, ninguém encontrará alguém com um conhecimento raro.

Por isso, treine sua capacidade de absorção e absorva todo o conhecimento disponível. Mesmo que ele não seja muito interessante agora e que você não ame aprender sobre isso, ele pode alavancar seu sucesso mais tarde em algo que você ama fazer.

Ame o que você faz, atualize-se e certifique-se de ser uma esponja!

O PODER DA ROTINA

Até aqui você já conhece alguns dos principais passos que deve seguir para se tornar uma pessoa acima da média, mas tem um ponto que ainda não tocamos, e que possivelmente é a questão que faz a maior parte das pessoas não atingirem o resultado que almejam.

Você já deve ter falado ou ouvido alguém dizer a seguinte frase: "vou fazer para ver se dá certo".

Eu escuto essa frase quase que rotineiramente por pessoas de diferentes nichos.

Esse tipo de pessoa normalmente é a que quebra nos primeiros meses, ou que vê sua carreira ficar estagnada por longos anos, vivendo medianamente durante boa parte ou toda a vida.

Nesse ponto você deve estar se perguntando o que há de tão errado nessa frase, não é?

O grande problema das pessoas é achar que vão encontrar uma fórmula, algo que vai funcionar da noite para o dia e mudar o jogo quase como um passe de mágica.

Cada vez mais a gente vê pessoas prometendo mil e uma formas de alcançar o sucesso da noite para o dia, e talvez você até tenha tido em algum momento da vida a ilusão de que essa fórmula existiria (acreditar que um chá seca-barriga vai te fazer perder em 20 dias todo o peso que você ganhou durante anos é um exemplo).

Mas a verdade nua e crua é que essa fórmula não existe, e nunca existirá, a não ser que você tenha tanta sorte a ponto de ser a pessoa sorteada entre aproximadamente 50 milhões de pessoas (0,000002% é a chance de se ganhar na mega sena).

Em outras palavras, o sucesso é construído dia após dia.

Você não acreditaria que uma pessoa construiu a muralha da China sozinha da noite para o dia, certo?

Se da noite para o dia pudesse ser construída a muralha da China, eu construiria uma no meu quintal e jamais a consideraria uma das maravilhas do mundo.

Ela é considerada assim porque foi construída em anos de trabalho e dedicação e ninguém mais dispenderia tempo para construí-la (até porque hoje em dia nem faria sentido).

Coisas que ninguém mais faria, ou que são dificilmente encontradas, são valorizadas, assim como vimos no capítulo 2.

Então por que você acredita que existe uma fórmula mágica para construir o sucesso na sua carreira?

O sucesso na sua carreira depende daquilo que você faz com disciplina e consistência.

Nenhuma empresa do mundo, vai faturar alto no primeiro dia, mesmo que o serviço que esta preste seja muito acima do serviço dos concorrentes.

E por que isso acontece?

Por diversos fatores, entre confiança de clientes, reconhecimento de marca, histórico de mercado, e por aí vai...

O que eu quero que você perceba aqui, é que existe uma lógica por trás da valorização e do sucesso.

Veja:

Nada que possa ser construído da noite para o dia é algo tão louvável a ponto de te trazer reconhecimento, valorização ou estabilidade pelo simples fato de ser uma coisa fácil de ser construída.

Coisas fáceis de serem construídas ou conquistadas entram em desvalorização, novamente tratando-se da básica lei da oferta e da procura.

Se você encontra uma empresa faturando alto do dia para a noite, o dinheiro começa a se desvalorizar, já que qualquer um consegue um alto faturamento da noite para o dia.

Por outro lado, se uma empresa leva anos para faturar alto, o dinheiro e a empresa automaticamente se valorizam no mercado, porque não é qualquer um que chega onde a empresa chegou.

É aquela velha máxima: tudo que vem fácil vai fácil!

Portanto, sempre que aparecer algo que parece ser muito fácil, desconfie!

De duas uma, ou é mentira, ou há algo omitido nessa história.

Chegar no patamar de uma vida acima da média, é resultado de uma rotina acima da média, de algo que você faz com disciplina e consistência.

Se você faz diariamente mais do que as outras pessoas normalmente fazem, sua vida será obrigatoriamente acima da média, desde que essa rotina se mantenha com consistência e disciplina.

Veja isso representado em forma de números:

Vamos atribuir um valor para a rotina da maioria das pessoas, esse valor será 5.

Agora vamos atribuir um valor para sua rotina acima da média, esse valor será 7.

Agora vamos avaliar uma rotina média da maioria das pessoas durante um ano, ou seja 365 x 5 = 1825, resultando em uma média geral = 5,0.

Agora vamos pensar que você quer ter uma VIDA acima da média, mas você não mantém uma ROTINA acima da média, você esporadicamente vive um DIA acima da média.

Vamos dizer então que você tem um dia acima da média por semana, que resulta em 52 dias acima da média por ano.

Agora vamos ver como fica a média dessa forma:

52 x 7 = 364 (são cinquenta e dois dias com o valor atribuído acima da média, que é 7)

365 − 52 = 313 (são trezentos e sessenta e cinco dias em um ano, menos os dias acima da média, nos restando 313 dias dentro da média da maioria das pessoas)

Então:

313 x 5 = 1565 (a soma dos dias dentro da média da maioria das pessoas)

A soma total dos valores da média geral e dos valores acima da média é igual a:

1565 + 364 = 1929

Portanto, se você tem um dia acima da média por semana, no final de um ano sua média ficou:

1929/365 = 5,28

Por outro lado, se você vive todos os dias do ano acima da média, sua média final é 7:

365 x 7 = 2555/365 = 7

Em outras palavras, você pode até ser uma pessoa acima da média de vez em quando, mas se não viver acima da média, não incorporar essa mentalidade na sua rotina com disciplina e consistência, seu esforço será proporcional ao seu resultado.

Na verdade, alcançar o sucesso na vida profissional é o mesmo que alcançar o sucesso em qualquer projeto da vida.

Se você quer perder peso, se planeja para isso, monta um planejamento de dieta e rotina de exercícios, mas cumpre o planejamento esporadicamente, seus resultados tendem a continuar dentro dos resultados da maioria das pessoas, que é o fracasso e a posterior desistência do planejamento, concluindo que o planejamento foi falho.

E por que?

Porque é fácil manter-se em repouso, é cômodo, é instintivo e é isso que as pessoas fazem, rendem-se ao comodismo.

Portanto, se você quer atingir uma vida acima da média, construa uma vida acima da maioria, dia após dia.

Respondendo à pergunta do início desse capítulo, a frase "vou fazer para ver se dá certo" é totalmente equivocada pois baseia-se no fato de que algo que você faz pode dar certo repentinamente.

A partir de agora, quando você se deparar com os primeiros passos de um novo caminho, você traçará seu planejamento e ao invés de "fazer para ver se dá certo", você "fará até dar certo!"

Na maioria das vezes o plano está correto, o que leva ao fracasso é a falta de consistência!

TENHA UMA VÁLVULA DE ESCAPE

Todo motor de combustão, por mais eficiente que seja precisa de um sistema de escapamento para liberar o resíduo processual e evitar que ele seja fundido.

Você é exatamente como um motor de combustão!

Quanto mais você trabalha e é produtivo, mais vontade você tem de continuar trabalhando, e dependendo da frequência de trabalho, menos eficiente pode ser sua produção.

É isso mesmo, eu estou dizendo que dependendo da situação, quanto mais você trabalha menos produtivo você é.

Essa relação está intimamente ligada à nossa capacidade de queimar o resíduo do nosso processo de combustão.

Nós humanos, não evoluímos para nos mantermos parados. Desde o início da evolução, somos nômades e passamos nossos dias nos movimentando.

Acontece, que quando passamos o dia trabalhando, ainda que seja em pé, experimentamos diariamente o estresse físico e psicológico devido à rotina de atividades repetidas.

Chega um ponto em que ou você não tem mais disposição nenhuma para manter a disciplina, ou seu estresse não te deixa ser produtivo.

A verdade é que poucas pessoas sabem que para evitar isso é tão simples que deixa de ser óbvio.

O que eu vou te falar agora pode até parecer besteira no primeiro momento, mas antes de considerar besteira, peço que você experimente por 30 dias consecutivos, e se não funcionar para você, pode descartar e considerar que o que eu escrevi aqui não funciona.

Nossa válvula de escape é simplesmente algo como uma terapia.

E eu não estou falando de consultas com psicólogos nem nenhum tratamento de problemas psicológicos, é muito mais simples que isso.

Você deve conhecer uma pessoa que pratica uma atividade sempre, seja pilates, corrida, futebol, natação, musculação, ioga, ou qualquer outra atividade que desconecte a mente dos problemas por um instante.

Eu mesmo pratico musculação há 8 anos ininterruptos, e meu objetivo não é ser o novo Hércules, nem tampouco ter o corpo dos sonhos, meu principal objetivo com a musculação é me livrar do resíduo processual (estresse rotineiro), aumentando a produtividade, a disposição e minha capacidade de manter uma rotina consistente e disciplinada.

Boa parte das pessoas que eu conheço acredita que disciplina é uma característica intrínseca das pessoas. Ou seja, algo que ou você é abençoado e nasce disciplinado, ou você está fadado à inconsistência durante a vida. Isso é pura e exclusiva MENTIRA!

Acontece, que quando você pratica algum tipo de exercício físico ou mental diariamente, a forma como você encara a vida muda! E eu não estou dizendo que é fácil e que da noite para o dia você desenvolverá uma paixão por determinada atividade que te fará fazê-la dia após dia, claro que não!

Assim como todo o começo, sair da zona de conforto exige uma força acima do normal.

Talvez você não gostasse de física na escola, mas trata-se da primeira lei de Newton: tudo que está em repouso tende a continuar em repouso, assim como tudo que está em movimento tende a continuar em movimento.

Os primeiros dias da sua nova atividade vão te exigir determinação e superação da inquietante vontade de ficar em casa deitado no sofá, assistindo televisão ou deslizando o feed das suas redes sociais, inutilizando minutos preciosos que poderiam te fazer produtivo pelos próximos anos.

Não me interprete mal, não quero que você abra mão da sua televisão nem das suas redes sociais, mas você pode ser produtivo, praticar sua terapia e ainda assim ter tempo para suas redes sociais, você só precisa estabelecer um equilíbrio.

Acontece que como qualquer hábito, nos primeiros 15 dias você praticará sua terapia de forma totalmente voluntária, pensando que precisa levantar para trocar de roupa ou para iniciar sua atividade escolhida e seu cérebro tentará te sabotar com aquele pensamento "só mais 5 minutos", "daqui a 23 minutos quando vira a hora, eu vou", ou "já fui ontem, posso descansar hoje".

Eu sei que é assim porque também já passei por isso, e é nesse momento que separamos as pessoas capazes de construírem o sucesso durante toda a vida, e pessoas que vão passar pela vida e daqui a 20 anos vão olhar pra trás e perceber que poderiam ter feito mais e que perderam a única coisa que não tem remédio, o tempo.

Mas o mais fantástico dessa saga de praticar uma terapia, é que após esses 15 dias de martírio, você está em uma constante de movimento, ou seja, você tende a continuar em movimento.

Sua terapia tornou-se agora hábito, e hábitos assim como escovar os dentes ao acordar são feitos involuntariamente: você nem pensa, só faz. E quando vê já está de volta em casa com aquela sensação de dever cumprido que preenche sua alma, podendo assistir televisão ou rolar o feed de suas redes sociais.

Você volta pra casa com o corpo preenchido por endorfina, com disposição para escalar o Everest e uma sensação de leveza que te faz perceber que é muito mais prazeroso levantar do sofá por uma hora e sentir essa leveza, do que passar quatro horas no sofá e continuar com a mesma sensação de preguiça e de tempo perdido (já reparou que 4 horas assistindo à televisão parecem 5 minutos?).

E as vantagens de praticar essa terapia não param por aí...

Depois de tomar um banho após sua atividade e voltar para o sofá, a sensação de leveza continua fluindo por seu corpo, e ao mesmo tempo que você tem disposição de levantar do sofá para buscar qualquer coisa em outro cômodo (disposição essa que você não tinha nem para pegar o controle remoto a dois metros de você), você dorme melhor.

Dorme e acorda como se a noite tivesse passado em um piscar de olhos. A insônia vai desaparecendo aos poucos, e ao invés de acordar achando que foi atropelado por um caminhão, você acorda parecendo que seu corpo flutua.

Eu nunca fui atropelado por um caminhão, mas tenho certeza que trabalhar tendo que me deslocar me sentindo leve é muito mais fácil que me deslocar com o corpo imóvel pela dor ou pela preguiça.

O que antes era um martírio, agora se torna fácil.

Você começa a enxergar as atividades e as pessoas ao seu redor de outra forma, você as trata melhor, você rende mais, torna-se mais solícito, menos suscetível às variações de humor e mais disposto a fazer o que a maioria das pessoas não faz.

E antes que eu esqueça de perguntar, quem você se torna quando faz o que a maioria não faz?

Exatamente, você se torna acima da média!

E o melhor de tudo, depois desse hábito estabelecido você se torna uma pessoa acima da média de forma natural, você não estará fazendo esforço para ser assim.

Dessa forma, você começa a repetir essa rotina dia após dia sem nem perceber.

Em outras palavras, você desenvolve uma disciplina involuntária pautada exclusivamente na sua válvula de escape!

Eu sei que nesse momento você deve estar se perguntando qual atividade se encaixaria melhor para você, estou certo?

Se sim, aqui vai uma dica importante:

Lembra que no capítulo três nós comentamos como é mais fácil aprender algo que a gente gosta ao invés de absorver algo que não gostamos muito?

Pois é, aqui você deve tirar vantagem disso.

Antes de cumprir os 30 dias consecutivos que tornarão sua nova atividade um hábito, seu cérebro vai tentar te sabotar diversas vezes. Contudo, se você fizer uma atividade que gosta muito de fazer, essa sabotagem pode ter menos força.

O que eu quero dizer aqui, é que encontrar uma atividade que você goste vai facilitar muito sua trajetória em busca da sua válvula de escape.

Por isso, se for preciso, experimente duas, três, quatro atividades antes de escolher qual será sua válvula de escape.

Entretanto, não procrastine seu início na nova terapia por conta disso. Teste suas possibilidades e aposte naquela que você gosta mais. Muitas vezes, você vai amar mais a sensação pós-atividade do que a própria atividade em si.

Para fechar esse capítulo, quero te pedir um voto de confiança para o seu próprio corpo.

Escolhe sua válvula, exercite-a durante pelo menos 30 dias, e deixe seu corpo te mostrar como ele pode ser seu aliado na busca por um perfil acima da média!

APAIXONE-SE PELO PROCESSO

Até aqui nós vimos as principais formas de construir um processo, passando pelo amor à carreira, até chegar na construção da disciplina.

Todos esses passos levam ao processo de construção do sucesso, que deve ser mantido dia após dia.

À medida que esse processo vai se repetindo, você pode lidar com ele de duas formas:

A primeira é amando tudo que você faz, apaixonando-se por sua rotina e pela pessoa que você se tornou fazendo o que você faz.

A segunda é odiando tudo isso, e se martirizando cada vez que você levanta da cama.

Nesse caso, há dois destinos pra você: ou você odeia a própria rotina, como a maioria das pessoas, ou você torna-se acima da média amando tudo que faz. Não tem meio termo!

Você deve buscar sempre amar tudo que faz, mesmo sabendo que não conseguirá fazer tudo que ama, sempre.

Portanto, se você chegou até aqui você sabe o que realmente gosta de fazer, e talvez o que precise ser ajustado é somente sua rotina.

Existem algumas coisas que podem ser feitas para otimizar sua rotina e diminuir o sofrimento da vivência desta, e tudo isso deve se basear na sua própria concepção de otimização.

O que eu quero dizer com isso, é que você mesmo deve analisar sua rotina e ajustar os pontos que possam ser otimizados.

Por exemplo:

Às vezes você não gosta de fazer exercícios de manhã, da mesma forma que não rende estudando à noite.

Uma simples troca na sequência dessas duas atividades pode te fazer ser mais produtivo, aumentar sua confiança, diminuir sua ansiedade e te fazer se sentir novamente acima da média.

Você percebe que tudo é individualmente único?

Desde o começo, todo o planejamento tem sido traçado baseado nas suas verdades, na sua individualidade.

Ser diferente da maioria é seu maior ponto forte, e é nele que você deve se apegar.

Pense em uma carreira acadêmica comum:

Você conclui sua graduação, faz uma especialização, um mestrado, doutorado e o pós doutorado.

A cada novo passo na sua formação, você se torna cada vez mais especialista em algum assunto específico, e quanto mais especializado, mais valorizado você é.

Ou seja, você escolhe seu ponto forte e esquece do ponto fraco, vive buscando a melhoria e a especialização.

Agora pense comigo, até aqui nós estabelecemos um processo para chegar ao sucesso.

Esse processo está pautado em uma rotina acima da média.

Se o que te faz ser diferente da maioria é sua rotina, então esse é seu ponto forte, especialize-se nisso!

Por sua vez, otimizar sua rotina pensando nas suas características individuais, fará dela uma rotina cada vez mais específica, cada vez mais única.

Lembra o que conversamos sobre valorização?

Quanto mais difícil de encontrar, mais única e valorizada é determinada coisa.

Por isso, você deve otimizar sua rotina e seus afazeres, baseando-se em seus gostos e suas necessidades.

Quanto mais você gosta da sua rotina, mais longeva ela se torna, mais acima da média você vive, mais difícil fica de encontrar alguém tão produtivo quanto você, e mais valorizado você se torna.

É um looping infinito que se baseia na sua capacidade de apaixonar-se pelo processo da construção do sucesso.

Portanto, o que você deve fazer aqui é repensar sua rotina e identificar pontos a serem otimizados.

Muitas vezes, você não vai ter certeza do que vai funcionar antes de fazer, e por isso deve testar o que você acha que pode fazer diferença.

Mude o horário de uma atividade, troque a sequência das suas atividades e veja o impacto dessas mudanças na sua rotina.

Quanto mais testes você fizer, mais chances você tem de melhorar.

Eu costumo pensar que você só consegue melhorar algo que você pode comparar, ou medir.

Portanto, na hora de escolher entre uma rotina e outra, compare como você se sente e com qual rotina você acha que é capaz de manter por mais tempo, com o menos esforço.

Uma vez que sua rotina esteja otimizada, todos os seus resultados aumentam, e seu esforço diminui.

Você vai gostar tanto da sua rotina tão cuidadosamente otimizada, que se apaixonará pelo processo de construir seu próprio sucesso!

NETWORKING

Tudo que você construiu até aqui já te faz acima da maioria das pessoas, o que precisamos agora é encontrar oportunidades e nos distanciarmos ainda mais da média geral.

Você já ouviu em algum lugar que você é a média das 5 pessoas com quem mais convive?

Independentemente de você ser ou não influenciável, você vai absorver o conteúdo dessas 5 pessoas, e vai estar mais próximo da realidade delas.

Cabe a você saber explorar isso ou não.

Se você sai com os amigos para ir a um barzinho, todos sentam e começam a conversar

Minutos de conversa depois, você percebe que não concorda com a opinião do grupo, e aí você se questiona se a sua opinião está equivocada, ou se é a opinião do grupo.

Como são várias pessoas com a mesma opinião, e só você com uma opinião distinta, o que acontece é que você segue o efeito manada.

Você se torna um pouco menos você, e um pouco mais uma média deles.

Eu não estou dizendo que você deve trocar de amigos do dia para a noite, claro que não!

Vamos voltar à média: se você é o número 7 (acima da média), e as pessoas com quem você mais convive são números 5 (média) dentro de um mesmo grupo, a média geral torna-se mais próxima do 5 do que do 7.

Por outro lado, se você é o 7 e o seu grupo é composto por pessoas representadas pelo número 9, dentro do grupo a média se aproxima mais do 9.

O grupo (a maioria), sempre puxa a média, não importa se é para cima ou para baixo.

Há só uma maneira de evitar que você seja influenciado pelas pessoas ao seu redor, que é estudando.

Quando você estuda, você aumenta a própria média sem que haja alguém te puxando para baixo.

É como se você adicionasse uma pequena fração ao seu número toda vez que estudasse, sem depender de médias.

E é aqui que entra o networking na história.

Você nunca vai esperar uma oportunidade de quem está abaixo de você, concorda?

Uma oportunidade é uma possibilidade de melhoramento, de elevar alguma coisa.

Esse melhoramento pode estar relacionado a diversos fatores, como dinheiro, emprego, saúde, conhecimento, sentimentos...

Quando você se relaciona com pessoas que estudaram mais que você, que aplicaram mais que você, que praticaram mais que você, você aprende com eles nem que seja por osmose.

Quando você estiver em uma mesa lá no barzinho, e perceber que você é a pessoa acima da média na mesa, é hora de trocar de mesa!

Se você quer ser grande, você precisa estar entre os grandes, e precisa ter humildade para aprender com eles.

Networking nada mais é que a arte de se conectar com pessoas.

Essa conexão precisa ser mútua, caso contrário não será duradoura e não trará os resultados que tem potencial para trazer.

Pense na sua realidade, sabe aquele vizinho chato que sempre que te vê não perde a chance de te pedir dinheiro emprestado, ou que se convida para o almoço de domingo e come toda a comida que você queria que sobrasse para comer à noite?

Pois é, essa é uma relação antagônica, ou seja, só uma das pessoas envolvidas se beneficia.

Nesse caso qual a tendência de os fatos acontecerem?

Ou você esconde a comida, ou come tudo no almoço, ou faz menos para não sobrar.

E é exatamente assim que acontece nas conexões do networking.

Se você não agrega valor para ninguém, ninguém vai agregar valor para você, simples assim!

Por isso, toda vez que você for tomar a iniciativa de começar uma relação para possível networking com alguém, precisa mostrar que você está disposto a agregar.

Ótimos lugares para estabelecer redes de conexão são congressos, palestras, capacitações e cursos, eventos no geral.

Só tenho uma exigência para você nesse caso: nunca tenha medo de perguntar, de expressar sua opinião e de se relacionar com pessoas!

Quando você se permite conhecer e ser conhecido, você encontra as melhores fontes de networking disponíveis: aquelas que tem os mesmos princípios e opiniões que você.

Para iniciar uma conversa, você pode falar sobre a última palestra, o próximo evento ou o assunto mais falado no evento.

Uma boa prática é sempre começar elogiando alguma característica profissional da outra pessoa, seja da sua palestra, da sua fala ou do seu trabalho.

Começando com o elogio, você quebra a objeção da pessoa em achar que você poderia criticá-la de alguma forma.

Em outras palavras, você quebra a barreira defensiva que ela tinha contra você e permite o contato mais próximo com ela.

É sempre interessante você mapear suas possibilidades de networking nos eventos.

Antes de começar, pré-determine as pessoas com quem você tem mais interesse de estabelecer conexões e aposte nelas.

Faça as perguntas que você precisa, opine, discuta, conteste, faça tudo que você acha que pode contribuir com o seu crescimento, é uma oportunidade única que possivelmente não se repetirá.

Muitas vezes, só de conversar com essas pessoas você retira *insights* que podem mudar sua vida.

Além disso, ser conhecido e ter um bom relacionamento com pessoas importantes no seu nicho, indiretamente eleva sua autoridade também.

Lembre-se sempre que quem não é visto não é lembrado. Conhecer pessoas te aproxima de oportunidades como: vagas de emprego exclusivas, editais pouco divulgados, ou informações pouco conhecidas.

Você deve conhecer algum grupo de *Mastermind* de empresários, que pagam dezenas e as vezes centenas de milhares de reais para participar e ter a oportunidade de estar no grupo de pessoas acima da média.

Essa é a maior representação de que o networking é investimento, e não gasto.

Não adianta nada você ter o melhor produto, ou prestar o melhor serviço do mundo, se ninguém sabe que você existe.

Seja acima da média também construindo pontes entre pessoas!

ANTES SÓ,
QUE MAL ACOMPANHADO

Aprendemos a construir conexões entre pessoas, agora é hora de aprender a interrompê-las!

No capítulo anterior nós falamos da reciprocidade de crescimento, onde as pessoas envolvidas em uma relação precisam mutuamente crescer em algum sentido.

Mas e quando essa relação é como aquela do vizinho chato, puramente antagônica?

Nesse caso, o que precisamos fazer é interromper essa conexão.

Vamos dizer que você paga sua internet, e disponibiliza *WiFi* por sua casa toda e até um certo cômodo da casa do seu vizinho.

Por um acaso do destino, seu vizinho descobre a senha da sua internet e começa a utilizá-la diariamente.

Lá ele faz downloads e assiste vídeos *in streaming*, tornando sua conexão lenta constantemente, e em nenhum momento contribui com a conta da internet.

Nesse caso é como uma fonte e um sumidouro.

Você é a fonte, provê o recurso (a internet), e ele é o sumidouro consumindo o recurso disponível.

Nesse caso, é simples resolver essa situação, basta mudar a senha.

Entretanto, quando se tratam de pessoas, a interrupção dessa conexão pode ser mais difícil.

Talvez o mais difícil não seja nem a interrupção da conexão, mas sim identificar quando a relação está sendo puramente antagônica.

Quando lidamos com pessoas, a gente nunca sabe ao certo o que se passa na cabeça delas.

Especialmente quando dependemos ou confiamos em terceiros, precisamos estar atentos à sinais que muitas vezes falam mais que as próprias palavras.

E acima de tudo, precisamos acreditar mais nas evidências e menos nos sentimentos.

Esse é um princípio que deveria ser básico em todos os relacionamentos, sejam eles profissionais ou não.

A falta desse princípio é o fator que mais causa decepção nas pessoas que depositaram sua confiança em outras, você também já deve ter cometido esse erro...

O que eu quero te mostrar aqui, é que você precisa de informações confiáveis para saber se sua relação está sendo mútua ou antagônica.

Eu costumo dizer que palavras não são confiáveis, mas resultados sim.

Se você tem uma parceria com alguém, já se perguntou como essa parceria tem contribuído para o seu crescimento? Quais são os resultados dessa parceria?

Por exemplo, se você tem uma empresa, qual a vantagem líquida da sua parceria com terceiros?

Ou seja, subtraindo o que você investe (pode ser tempo, dinheiro, conhecimento, etc.) do que você fatura, qual o saldo?

Você sai ganhando ou perdendo dessa relação?

Se você está no meio acadêmico, na hora de escrever um trabalho em grupo, tem muita gente dando opinião, mas pouca gente escrevendo?

Talvez seu investimento seja maior que seu faturamento.

Se esse for o caso, é hora de interromper essa conexão.

Quando precisamos interromper conexões, nunca devemos expressar o verdadeiro motivo disso.

Independente da relação que você possui hoje, em um futuro não tão distante as coisas podem inverter os papeis, e se você explodiu a ponte ao invés de interditá-la, lá na frente você pode reestabelecer essa conexão de uma forma mútua.

Por isso, digamos que você percebeu que determinada relação é mais antagônica que mutualística e você precisa interrompê-la.

Vamos considerar que você é um empregado e percebeu que está sendo explorado, ou que não acha justo como as coisas funcionam na empresa.

Partindo do pressuposto que você tentou corrigir essa relação e não obteve sucesso, o que você precisa fazer, é se libertar dessa situação.

Nessa hora você tem duas possibilidades:

Na primeira, você fala tudo que pensa, extrapola, e na maioria das vezes ofende ou magoa seu contratante. Não cumpre o aviso prévio, ou cumpre alguns dias com uma má vontade recorde, deixa seu armário todo bagunçado e sujo, e faz de tudo para evitar que outras pessoas aprendam sua função.

Na segunda, você agradece a oportunidade e o aprendizado, cumpre o aviso prévio rigorosamente com a mesma responsabilidade de sempre, dá sugestões de melhoria, deixa todas as suas funções em dia, e ensina outras pessoas a fazerem o que você sempre fez.

Caso os papeis se invertam (você nunca sabe quando vai acontecer), qual das duas possibilidades tem maior chance de reestabelecer uma conexão?

A segunda!

Por isso, assim como estabelecer uma conexão, saber interrompê-la é fundamental para a sua longevidade, segurança e credibilidade profissional.

Ademais, interromper uma ponte ao invés de explodi-la também pode contribuir para que novas conexões sejam estabelecidas.

Quando você interrompe uma conexão de maneira amigável e responsável, você sai, mas seu legado e a forma como você trabalhava ficam.

E isso constrói sua reputação.

Pessoas que tem uma reputação estabelecem novas conexões mais rápido e com mais força.

Afinal, tendo a reputação de contribuir com uma relação com comprometimento, é o primeiro passo para a construção de uma conexão mútua.

Quando novos interessados surgirem, terão todos os indícios de que podem confiar em você, e isso certamente acelerará o processo de conexão.

Em outras palavras, você deve interromper conexões antagônicas, estimular conexões mútuas e ainda assim manter sua credibilidade e reputação.

Mantenha-se conectado nem que seja com você mesmo, afinal é melhor crescer sozinho que mal acompanhado.

COMO LIDAR COM A OPINIÃO ALHEIA

Se você colocar em prática tudo que aprendeu nesse livro, uma coisa é certa: as pessoas vão falar de você.

Mas não pense nisso como algo voluntariamente maldoso, pense se fosse você no lugar deles:

Qual é sua defesa automática e involuntária quando você se depara com algo novo?

Mesmo que você não tenha reparado, você tenta desmerecer a novidade, considerando perda de tempo ou julgando que não funciona.

E só depois você começa a considerar essa novidade, querer saber mais e entender como isso funciona.

Mas não pense que esse processo se origina na maldade, ou na inveja, é simplesmente uma defesa involuntária humana perante novidades.

Tudo que é "novo", ou diferente é visto com esses olhares de defesa e as vezes maldade (como o caso do preconceito).

Entretanto, a última coisa que você deve se importar é com a opinião de terceiros.

Sabe aquela sua tia que vive tentando controlar sua vida, cuidando da sua rotina e tentando impor o que você deve fazer?

Ao invés de critica-la olhe para a situação dela:

Enquanto você está construindo uma vida acima da média, chegando onde os outros não chegam por fazer coisas que eles não fazem, ela continua lá na sua vida medíocre, tentando te desencorajar na sua trajetória planejadamente de sucesso.

E por que ela faz isso?

Porque é muito mais fácil falar de quem faz, do que levantar cedo todos os dias, planejar uma rotina de crescimento e executar o plano incansavelmente.

Via de regra, pessoas fofoqueiras e invejosas projetam nos outros a frustração que guardam dentro de si.

Por isso, quando você se deparar com pessoas que tentam desmerecer seu trabalho, sua ideologia ou seus princípios, não sinta raiva, sinta pena!

Com certeza a inveja é uma forma de tentar combater a própria frustração.

E aqui eu abro um parêntese:

Tem muita gente que acredita que a inveja impossibilita o sucesso dos seus planos.

Ou que a sorte fez o sucesso de alguém.

Eu não acredito nem em inveja, nem em sorte.

Se as coisas não deram certo, é porque ou você falhou no planejamento, ou na aplicação, e cabe a você corrigir-se para uma próxima tentativa mais preparada.

Por outro lado, sucesso e sorte estão diretamente ligados: quanto mais se trabalha, mais se tem sorte. Ou seja, para pessoas frustradas e fracassadas, o trabalho tem outro nome, chama-se sorte.

O que eu quero deixar claro nesse capítulo é que nem a opinião, nem a torcida de terceiros tem influência na sua vida.

Tudo que não influencia seus resultados não merece atenção.

O maior objetivo de uma pessoa frustrada é que você se torne a próxima pessoa frustrada, e te ver fazendo o que ela nunca teve coragem de fazer é o oposto disso.

Toda vez que você fizer o que outros não fazem você será "carinhosamente" chamado de louco e vai ouvir corriqueiramente que sua rotina e seu planejamento não adiantam de nada, porque você pode morrer amanhã e não ter vivido uma vida de esbanjamento como poderia, ou que as coisas não darão certo por achismo.

Ora, o que você prefere: morrer amanhã batalhando pelo futuro dos sonhos, ou viver eternamente na mediocridade pelo medo de uma morte eminente?

Estatisticamente falando, suas chances são muito maiores de viver mais de 70 anos na mediocridade, do que morrer amanhã vivendo uma vida sem objetivos.

Em ambos os casos, tanto na inveja quanto na ânsia de te fazer mudar de planos, tudo que as pessoas querem é te sabotar e te ver no mínimo na mesma situação delas.

Durante a vida você vai reconhecer esse padrão até mesmo em pessoas que você considera amigos: as pessoas querem te ver bem, mas nunca melhor que elas.

Se você não pode esperar boas sugestões de pessoas que não desejam seu sucesso, por que se importaria com a opinião delas?

Inclusive, você pode até utilizar essas críticas e a inveja alheia como uma espécie de termômetro: quanto mais as pessoas falarem de você, te julgarem, te chamarem de louco e rirem de você, mais acima da média é sua rotina e mais sucesso você alcançará.

Por isso, ao invés de considerar que a projeção da frustração das pessoas em você pode te atrasar ou te fazer fracassar, use essa projeção como um indicativo de que você está no caminho certo.

A opinião alheia não é seu fracasso, é seu termômetro!

SUJEITE-SE

Você sabe seu valor, sabe como é acima da média e como deve ser valorizado onde quer que você vá...

Contudo, as pessoas não estão o tempo todo de olho em você, te avaliando e ponderando suas possibilidades.

Inclusive, as vezes é muito mais cômodo para o empregador fazer "vista grossa" para a importância do seu trabalho na empresa e evitar dessa forma, aumentar sua remuneração.

Acontece que normalmente os empregadores sabem quais são as engrenagens que fazem a empresa funcionar, sabem quem são os funcionários acima da média e que merecem ser valorizados, mas dificilmente a iniciativa partirá do empregador.

É tudo uma questão de iniciativa...

Se você trabalha mais que os outros, faz mais do que deveria fazer, e traz resultados que outros não trazem, você merece receber mais que os outros, é uma questão de lógica e valorização.

Essa valorização pode vir na forma de uma promoção ou de um aumento, por exemplo.

Muita gente tem medo de solicitar sua própria valorização, tem medo de ser reprimido, de ter sua solicitação negada e das coisas se tornarem piores do que estavam.

Mas na verdade, a chave para conseguir um aumento, ou uma vaga pretendida é possuir uma visão sistêmica do negócio.

Não adianta você pedir um aumento só por pedir...

Na cabeça do empregador, lhe dar um aumento pelo simples fato de que você quer receber mais, só representa prejuízo.

O que você deve provar é porque deve receber um aumento, e é aí que entra a visão sistêmica do negócio...

Mesmo que você seja um dos funcionários que compõem a base da pirâmide da empresa, você precisa conhecer os objetivos, as funções e os processos da empresa.

Se você conhece os processos e as funções exercidas dentro da empresa, você sabe sua importância e por vezes sabe inclusive como otimizar esses processos, e é aí que você entra!

Mostre como o aumento do seu salário pode impulsionar os resultados que você trará, mostre o que você fará diferente com uma promoção de cargo, quais os avanços que você pode trazer à empresa e como você pode atualizá-la no mercado.

Aqui, é sempre importante que você expresse sua importância com números, gráficos e dados. Seu empregador pode até contestar sua palavra, mas dificilmente contestará números.

Empregadores adoram números! Prove por A+B que é muito mais lucrativo para todos aceitar suas solicitações que negar o óbvio.

E não pense que você deverá discutir sua condição somente quando estiver buscando uma promoção no trabalho, essa discussão é fundamental também para alcançar sua vaga no mercado de trabalho.

A maioria das pessoas entregam seus currículos e rezam para que alguém encontre seu currículo e por um acaso do destino decida selecioná-lo para uma entrevista.

Na verdade, assim como na hora de solicitar sua promoção, você também deve mostrar a que veio, e porque você deve ser contratado.

Partindo do pressuposto de que quem não é visto não é lembrado, uma pessoa que recebe 20 currículos em um dia, daqui a 20 minutos não lembra de 10% das pessoas que entregaram os currículos (e muitas vezes alguns currículos são inclusive perdidos antes mesmo de chegarem ao encarregado pela seleção).

O que eu quero te mostrar aqui, é que você não pode depender do acaso!

Não adianta nada você ser uma pessoa acima da média, se você não mostra que é diferente da maioria.

Enquanto todos os outros candidatos entregam seus currículos e esperam um contato aleatório, você precisa aumentar suas chances de sucesso.

Eu vi isso acontecer na prática diversas vezes, inclusive comigo...

Ainda durante a graduação, antes de iniciar no projeto de economia solidária, eu estava em busca de um estágio remunerado.

Surgiu uma vaga em um laboratório, e enquanto eu e 99% dos outros candidatos enviaram o currículo e esperaram contato, um dos candidatos (que depois se tornou um grande amigo), entrava em contato com os integrantes do laboratório diariamente.

Ele entregou o currículo, e todos os dias nos períodos da manhã e da tarde reafirmava por telefone seu comprometimento e sua vontade de contribuir com os projetos do laboratório.

Agora me diga você, se você buscasse mais um integrante no seu laboratório, quem você contrataria: uma pessoa que você viu uma vez e não faz ideia do seu comprometimento e personalidade, ou uma pessoa que antes mesmo de fazer parte da equipe já provou seu comprometimento?

Para mim, a escolha do integrante comprometido não é unicamente mais óbvia, mas também mais segura.

Uma das maiores incertezas em um processo seletivo, é justamente com o comprometimento dos funcionários. Nesse caso não restaram dúvidas, ele foi o contratado!

O que eu quero que você leve dessa história, é que você sempre pode aumentar suas chances de sucesso, você só precisa ser criativo!

Sempre que uma decisão envolva seu futuro, você pode e deve contribuir com a tomada dessa decisão, mesmo que não seja você quem decida.

Sempre é tempo de mostrar que você é acima da média, basta que você se sujeite a fazer o que os outros não fazem!

Basta se sujeitar a ser valorizado.

Sujeite-se.

SEJA HUMILDE, NÃO TROUXA

Mesmo que você seja acima da média, que estude e trabalhe mais que todo mundo, você nunca será melhor que ninguém. Você só tem perspectivas, disciplina e uma rotina diferente da maioria.

Experimentando o doce saber do sucesso por diversas vezes, você será tentado a se tornar arrogante e ganancioso, e achar que está acima da verdade.

Esse é o caminho mais curto para o início do seu fracasso!

Você já teve um professor que não aceitava ser corrigido por ninguém, e que boa parte das afirmações que saíam de sua boca seguiam uma expressão de arrogância e prepotência?

Esse é o exemplo clássico de quem acostuma-se com a ideia de estar acima da média.

Em uma sala de aula, o professor é a figura acima da média sempre, e isso se repete em todas as turmas que ele dá aula.

Com o tempo, ele vai se conformando com a ideia de estar acima da média, e vai sendo cegado pela arrogância.

Quando percebe, não aceita ser corrigido ou vencido no argumento por ninguém, e nem cumprimenta mais o porteiro.

Esse é o exemplo mais típico de como uma pessoa começa a fracassar.

Quando uma pessoa se considera tão acima da verdade, ela para de acreditar que pode aprender algo.

A partir do momento que você não aprende mais, você não cresce mais.

Enquanto você para de crescer, o mundo a sua volta continua crescendo no mesmo ritmo frenético de sempre, e o que acontece depois disso é que a média sobe, e você continua estagnado.

Em pouco tempo você está de volta dentro da média, e na sequência já se encontra abaixo dela.

A moral da história aqui é que você nunca pode se deixar levar pela arrogância.

Você sempre deve continuar aprendendo, errando e acertando

E você só aprende quando tem a humildade de aceitar que errou e que pode melhorar.

Quantas pessoas você conhece que não aceitam conversar se você diverge da opinião delas?

É esse tipo de pessoa que você não deve ser!

Ganhe ou perca no argumento, não na teimosia.

Você pode e deve ter a humildade de aceitar o fato de que sua opinião e perspectiva podem estar equivocadas, e que pensar diferente pode ser mais saudável e menos sofrível.

Lembre-se sempre que: "ninguém é tão pequeno que não possa ensinar, nem tão grande que não possa aprender!".

Em contrapartida, você também não pode se apequenar por excesso de humildade.

Possibilite a argumentação e a chance de errar, mas nunca mude seus planos ou opiniões frente a argumentações sem fundamento.

Saiba ser humilde, mas também ser crítico em momentos que exigem discernimento.

Nunca tome decisões sem antes ponderar as possibilidades, os argumentos, provas e fatos.

Por diversas vezes você vai se deparar com pessoas tentando te convencer que o plano X é o melhor para você, ou o plano Y.

As vezes essas tentativas vêm acompanhadas de dados falsos e crenças, é a típica cilada perfeita para pessoas pouco instruídas.

Quantos amigos seus já começaram negócios ou atividades novas, que inevitavelmente acabariam de uma maneira desastrosa, mas só eles não enxergavam?

Mesmo falando, apontando fatos e argumentos, eles não mudaram de opinião...

Não mudaram porque estavam cegos pela ambição e falta de humildade!

Ambição de acreditar que poderia existir uma fórmula mágica, um método pouco conhecido que lhe traria muito resultado com pouco esforço. Ou que mesmo sem experiência no assunto, sua iniciativa seria muito melhor que a concorrência. E falta de humildade por não aceitar sua argumentação, por se negar a enxergar o óbvio.

É preciso ter ambição para acreditar no próprio planejamento, mas é preciso humildade para discernir quando se deve continuar, e quando se deve mudar a rota.

Você precisa ajustar o equilíbrio entre humildade e ambição.

Permita-se mudar de rota, mas também permita-se bater o pé quando necessário.

Sua estratégia é pautada em fatos, informações e cálculos? Se sim, por que se fechar para novas perspectivas e alternativas mais eficientes?

Nesse caso você pode discutir e argumentar os próximos passos com sua equipe, os melhores argumentos vencem e o planejamento é otimizado. Todo mundo sai ganhando!

Se não, você precisa basear sua estratégia em projeções, argumentos e fatos! Não adianta nada se planejar se seu próximo passo será dado na base da ignorância, aleatoriedade ou da exclusiva vontade.

Se seu plano não está baseado nos pilares certos, você deveria ser o primeiro a agradecer quando alguém te apresenta fatos e aponta previsões de erros.

Por outro lado, se você tem pilares bem consolidados no seu planejamento, você precisa ser o primeiro a firmar o pé e rebater as críticas.

Ah, e não perca seu tempo discutindo seus planos com quem não está do seu lado.

Quem não está com você nas batalhas e momentos difíceis não merece conhecer sua estratégia, nem estar com você nas vitórias. Saiba escolher seu time.

Ser acima da média muitas vezes significa ser o meio termo.

Por isso, no final das contas você precisa ser humilde, não trouxa!

O PODER DA GRATIDÃO

Inevitavelmente pessoas entrarão e sairão da sua vida durante sua trajetória. Acontece que algumas delas deixam boas lembranças e outras cicatrizes.

Não guarde rancor sob hipótese alguma, afinal cicatrizes são a marca do aprendizado, da resiliência.

Olhando desse ângulo, ou as pessoas contribuem com você com bons momentos, ou com ensinamentos.

Claro que ambos os casos são importantes, mas os bons momentos representam situações de leveza e cumplicidade, onde alguém demonstrou estar do seu lado, se importar com você ou contribuir, sem esperar nada em troca.

A verdade é que é muito mais comum que as relações se tornem cicatrizes ao invés de bons momentos. E é por esse motivo que você precisa valorizar quando as pessoas tentam colaborar com você com amor, e não com a dor.

Pessoas que colaboram no amor são o exemplo claro de pessoas que você deve sempre manter por perto, não importa se seja na empresa ou no almoço de domingo.

Esse tipo de pessoa merece estar com você nos momentos importantes da sua vida, e você garante isso demonstrando sua gratidão por poder compartilhar a vida com ela.

Mantenha quem se importa com você por perto, mostre que ele(a) é importante na sua vida.

Quando você demonstra gratidão pelo simples fato de uma pessoa estar presente na sua vida, você a incentiva a continuar presente e a desenvolver um relacionamento baseado em um sentimento puro.

Demonstre sempre gratidão à quem merece!

E você não precisa fazer isso do modo convencional...

As pessoas acreditam que a melhor forma de fazer isso é enviando presentes materiais.

Eu até concordo que presentes materiais representam o cuidado que você teve de encontrar algo para ela, mas não há nada comparado a surpreender as pessoas com palavras!

Presente por presente, você encontra em qualquer loja, mas uma carta com palavras que saíram do coração e mostram que você separou um tempinho para pensar nos bons momentos que vocês passaram juntos, é incomparável!

Sabe aquele cartão que nitidamente foi escrito para você e não é uma frase genérica dos cartões prontos com frases de efeito? É disso que eu estou falando!

As pessoas podem esquecer do presente que você deu ou de algum momento passado, mas nunca esquecerão da forma como você as tratou!

Isso não é só uma forma de agradecer, mas é um investimento em você mesmo!

Independentemente se você é a pessoa mais autossuficiente do mundo, você sempre precisa de alguém.

Alguém para conversar, desabafar, sorrir, brincar, viver!

Nós somos animais sociais, e é humanamente impossível que você viva isolado.

Ora, se você não pode viver isolado, mantenha as pessoas que você gosta por perto e mostre que você gosta delas e as quer por perto!

Faça isso sempre que sentir vontade, não espere ocasiões especiais.

Você vai ter alguns arrependimentos inevitáveis na vida, mas o arrependimento de não ter expressado o que você sentia para quem merecia, não precisa ser um deles!

Relações cultivadas em sentimentos são as que dão os melhores frutos.

Veja o que seus pais fizeram por você, você nunca encontrará alguém que fez tanto por você quanto eles.

Todas as oportunidades da sua vida apareceram porque eles te deram a primeira, que foi nascer.

Demonstre sua gratidão sempre que alguém lhe conceder uma oportunidade.

Agradeça o atendimento prestado, a vaga oferecida, o conhecimento passado, os momentos vividos.

A gratidão é a chave da reciprocidade!

Quando você agradece, você abre portas para que novas experiências aconteçam, novas oportunidades apareçam e novos ciclos se iniciem.

Relacionamentos cultivados na gratidão, florescem na confiança.

Eu não sei para você, mas na minha vida ou na minha empresa, uma pessoa em quem eu confio vale mais que 100 em quem eu não confio.

Acima de tudo, ser grato com quem merece é a fagulha que mantém a chama da esperança no mundo acesa.

Quando você demonstra sua gratidão, você incentiva a pessoa a repetir aquele tipo de comportamento.

Às vezes, isso é o sinal que uma pessoa precisa.

Você já elogiou o atendimento prestado a você em alguma empresa?

Se sim, você sabe como isso muda o dia de quem lhe atendeu.

Normalmente a pessoa não consegue conter o sorriso na boca nem no olhar, é nítido como você toca o coração dela.

Quando você faz isso, você a incentiva a continuar tratando os clientes daquela forma, e ela leva aquilo para fora do trabalho.

Ela começa a tratar as pessoas à sua volta do mesmo jeito que lhe tratou no dia que você a elogiou.

Como se não bastasse, ela aprende como um gesto de gratidão pode mudar o dia de uma pessoa, e fatalmente vai ser grata a alguém que mereceu em algum momento.

Você percebe o efeito cascata e a proporção que isso toma?

Um elogio que você fez desencadeia a mudança de perspectiva de forma exponencial, se multiplicando gesto após gesto.

Em uma sociedade onde a falta de empatia e a ganância imperam, a gratidão tem o poder não só de abrir portas para quem é grato e quem recebe o gesto de gratidão, mas tem o poder de mudar o mundo!

AUTOAVALIAÇÃO

Sabe aqueles atores famosos de Hollywood que durante o ápice do sucesso caem na depressão, desistem da carreira ou destroem a si mesmos?

É isso que eu quero evitar que aconteça com você!

Até aqui nós vimos várias vezes como lidar com pessoas, oportunidades e experiências, mas existe um fator que precisa ser avaliado rotineiramente.

Esse fator chama-se saúde mental!

De nada adianta você amar o que faz (o primeiro e mais importante passo do seu caminho) se isso não te faz bem, se acaba com o seu psicológico e sua vontade de batalhar pelos seus sonhos.

Deixa eu te contar o que eu vi acontecer diante dos meus olhos:

Minha irmã sempre teve o sonho de morar fora do Brasil, e na primeira oportunidade que teve para isso, agarrou com unhas e dentes a chance de realizar seu sonho.

Tudo certo nos primeiros meses, fez um curso de inglês, se ambientou no novo país e conheceu tantos lugares quanto possível.

Ela sempre foi muito boa com a escrita, com estudos e planejamentos – o perfil perfeito para a carreira acadêmica.

Aproveitando uma oportunidade que a abriu as portas, iniciou o mestrado na University of Flórida, uma das principais universidades americanas. Foi trabalhar com um tema que sempre foi sua paixão...

Tudo certo no início, uma das melhores alunas em todas as disciplinas cursadas, atividades de campo ocorrendo dentro do planejado, e a rotina fluindo como nunca.

Parecia o cenário perfeito para quem planejou a vida para viver aquela oportunidade.

Até que se iniciou a escrita da dissertação.

Enquanto seu orientador vivia ocupado demais para dar atenção ao seu trabalho, ele delegava funções à outra pós-graduanda do laboratório, que sem o mínimo de sensibilidade, e com total autoritarismo comandava seus colegas.

Entre cobranças exacerbadas e exigências desumanas, o clima no laboratório ia de mal à pior.

Mesmo cumprindo o cronograma estabelecido, nada parecia funcionar.

Sua colega reescrevia a dissertação em cada revisão, e o trabalho que era para ser a dissertação exclusiva de mestrado da minha irmã, passou a ser mais um trabalho que a nova mandachuva do laboratório escrevia.

A pressão e o sentimento de incapacidade aumentavam com o passar dos dias, até que começaram a aparecer os sintomas de depressão e as crises de ansiedade.

Ir para o laboratório fazer o que se gostava já não era mais suficiente, e mesmo com as portas abertas para a continuação de uma carreira acadêmica de sucesso, ela decidiu priorizar a própria saúde mental.

O medo de enfrentar novamente um ambiente de trabalho como aquele culminaram no regresso dela ao Brasil, e o sonho de formar a carreira nos Estados Unidos, deu lugar ao sonho de conhecer o mundo e fazer morada na Europa.

E o que essa história tem a ver com autoavaliação? Tudo!

Não adianta você ser a pessoa mais bem sucedida do mundo profissionalmente se você não se sente bem fazendo o que faz.

O processo de autoavaliação é o que fará você avaliar seu caminho.

Da mesma forma que essa avaliação pode constatar repetidas vezes que você faz o que te faz feliz, ela também pode evidenciar caminhos que em um futuro próximo comprometerão sua saúde mental.

Existem duas vias para que se evite o corrompimento do seu bem estar psicológico: a ambiental, e a de propósito.

A via ambiental é quando você percebe que o ambiente que você vive pode comprometer seu bem estar psicológico. Ou seja, mesmo fazendo o que se gosta, o ambiente se torna tão pesado que manter uma rotina naquele lugar se torna a representação do estresse.

A via de propósito por outro lado, é quando tudo parecia ser seu propósito de vida no começo. Você achava que chegando onde você chegou, vivendo a rotina que você vive, encontraria a felicidade como sempre sonhou. Nesse caso, o mais comum é que você descubra que tudo que você sempre sonhou na verdade baseou-se em uma ilusão.

Em ambos os casos parece que você se distancia de você mesmo, fica cada vez mais distante de ser quem você é.

Independentemente do que você constate no seu processo autoavaliativo, sempre há uma forma de se reencontrar com você mesmo.

Quando o câncer da sua saúde mental se encontra no ambiente de trabalho, você tem duas opções: identificar e consertar o problema, ou trocar de ambiente.

Eu recomendo que você tente primeiro consertar o problema, sem que você precise comprometer seu psicológico para isso.

Nesse caso, a criatividade é sua aliada para consertar as condições adversas.

As vezes o problema é simplesmente um pedido de desculpas, ou uma palavra de apoio que faltou em um momento de necessidade.

Outras vezes, é a própria personalidade das pessoas, ou até o objetivo de tomar seu lugar.

Cabe a você discernir entre a possibilidade de permanecer ali com o ambiente melhor, ou trocar em definitivo de ambiente de trabalho.

Se você optar por consertar o ambiente, é importante que você mantenha em mente que o amor pela sua profissão transcende qualquer ambiente pesado.

Acima de tudo, lembre-se de não sacrificar sua saúde mental por um ambiente que não tem solução!

Por outro lado, quando você perceber que seus sonhos mudaram e exigem uma nova profissão, ou uma nova aventura, não se desespere.

Profissões que há 20 anos eram indispensáveis, hoje nem existem.

Estamos em um processo evolutivo eterno, onde só se evolui errando, aprendendo e acertando.

Esse capítulo de autoavaliação se encontra nesse estágio do livro justamente para que você não desista antes de testar as possibilidades.

Você precisa se entregar, viver o que se propôs a viver para só depois avaliar o que deu certo e o que deu errado. Em outras palavras, você precisa dar tempo ao tempo.

Se mesmo após seu período de testes e de vivências profissionais, você decidiu que precisa mudar de rotina, é isso que você deve fazer.

Você precisa se reconectar com seu propósito e seus sonhos e ninguém tem o direito de contrapor sua opinião.

Nós já tratamos aqui sobre a opinião alheia, mas sempre é hora de reforçar: ninguém luta suas batalhas, por que deveria ter direito a opinar na sua estratégia?

Faça sempre por você!

Talvez você tenha que se sacrificar para encontrar seu propósito. Talvez você precise diminuir o padrão de vida por um tempo, ou deixar de fazer algo que estava acostumado a fazer. Mas você nunca vai saber como seria se não arriscar!

Não se deixe levar pelo comodismo, levante agora e comece a buscar o que te faz feliz de verdade, antes que a vida passe e você perceba que vive uma verdade que não era sua.

Além disso, você aprendeu cada passo para construir uma carreira de sucesso nesse livro, é só seguir o caminho com comprometimento e dedicação, e antes que você perceba terá construído uma nova carreira de sucesso.

Ninguém pode te parar se você fizer por prazer o que os outros fazem por necessidade.

Mas você só saberá se encontrou seu caminho, se autoavaliando!

ROTAS ALTERNATIVAS

Não existe o momento certo para mudar a estratégia e traçar um novo planejamento.

Não importa se você viveu 30 anos da sua vida trabalhando com a mesma coisa, se isso não faz mais seu coração acelerar, se você não sente que é seu propósito de vida, sempre é tempo de mudar.

Quando você é independente em relação a filhos e família, mudar o rumo da vida pode ser mais fácil e repentino, afinal você só depende das próprias forças e da capacidade de se manter nesse período de mudanças.

Contudo, quando você possui dependentes como filhos ou familiares que dependem da sua carreira para se manter, as coisas mudam um pouco de figura.

Mudam de figura no sentido exclusivo do planejamento.

Quando você é independente fica mais fácil diminuir os gastos mensais para que o dinheiro guardado perdure por mais tempo. Mas quando você tem dependentes, não é tão fácil assim.

Sendo independente ou não, mudar de rota é sempre mais fácil se você planejar as mudanças com antecedência.

Você pode fazer isso de duas formas: mantendo sua reserva de emergência sempre a postos, ou guardando dinheiro meses antes de sair do trabalho atual.

Uma reserva de emergência é um fundo (carteira de investimentos, poupança, cofrinho, etc.) onde você deixa guardado uma certa quantia em dinheiro, com rápida liquidez (pode utilizar o dinheiro sem burocracia) para que você use em momentos de necessidade, como uma possível demissão, uma mudança de emprego, ou um período de prejuízo na sua empresa.

O ideal é que essa reserva de emergência tenha dinheiro o suficiente para cobrir seus gastos mensais durante 6 a 12 meses.

Uma vez que você construiu sua reserva de emergência, você tem mais liberdade para encontrar seu verdadeiro propósito sem que precise se preocupar urgentemente com a necessidade de ganhar dinheiro novamente.

Nesse momento você percebe a importância de calcular seus gastos mensais.

Quando você sabe quanto gasta por mês, fica muito mais fácil planejar o que fazer com seu dinheiro.

Uma dica útil na hora de montar seu planejamento financeiro, é separar o valor fixo dos gastos mensais + gastos com lazer + dinheiro a construir seu fundo de emergência + dinheiro mensal necessário para alcançar um sonho.

A divisão entre esses objetivos varia conforme seu perfil, depende do que te faz sentir melhor.

Tem gente que não vive sem lazer semanal, outros preferem o lazer mensal. Uns sonham com comprar um carro no final do ano, outros preferem viajar o mundo.

O ideal aqui é que você sempre faça seu planejamento financeiro levando em conta o que faz mais sentido para você.

Contudo, manter um valor de gastos mensais entre 30 a 50% da sua renda, e investir entre 20 a 40% no fundo de emergência te trará estabilidade mais cedo.

Por outro lado, se você precisa mudar a rota da sua carreira e não se planejou previamente para isso, faça agora:

Guarde o máximo de dinheiro possível nos próximos meses para garantir que você consiga se manter por no mínimo 6 meses sem receber salário.

Talvez nesse momento você tenha que sacrificar o lazer e um sonho de consumo desse ano, mas tenha sempre em mente que isso será um investimento em seu futuro, bem estar e felicidade.

Ótimo, você decidiu por mudar a rota da sua vida, se planejou para isso e agora só falta sair do emprego e buscar seu novo propósito.

É nessa hora que terceiros tentarão te fazer mudar de ideia.

Já discutimos isso nesse livro, sempre que você fizer algo que as pessoas normalmente não fazem, você será criticado por isso.

Normalmente as pessoas ficam tão acomodadas em suas profissões que mesmo que percebam cedo que odeiam o que fazem diariamente, elas não mudam de caminho.

Sabe aquele funcionário do banco que não trata bem nem o mais simpático dos clientes?

Ele odeia o que faz, e por algum motivo se mantém na inércia de permanecer ali mesmo quando tudo mostra que não é lá que ele deve estar.

E por que isso acontece?

Porque é fácil permanecer em inércia, é cômodo receber o dinheiro mês após mês, fazendo o mesmo trabalho mecânico de sempre, sem fazer esforço mental nenhum.

A questão é que propósito de vida não tem nada a ver com dinheiro.

Sabe quando você entra na casa dos seus pais ou dos seus avós e se sente tão bem de estar lá que você tem a impressão que tudo fica em paz quando você chega?

A sensação de se fazer o que gosta é essa, diariamente.

Não precisa pensar muito para perceber que esse sentimento de paz vale muito mais que dinheiro.

Vale mais que dinheiro pelo simples fato de que amar o que faz e se sentir em paz por fazer aquilo te torna acima da média, e como vimos ao longo de todo o livro, ser acima da média te traz valorização pessoal e também financeira.

Lembre-se sempre de fazer por prazer, não por necessidade.

Então, quando terceiros tentarem te fazer mudar seus planos, faça como os pinguins de Madagascar: sorria e acene. Depois siga com seu planejamento em busca do seu propósito de vida.

Nunca é tarde para encontrar a felicidade, nunca é tarde para se reencontrar consigo, sempre é tempo de mudar a rota!

A BUSCA PELO EQUILÍBRIO

Talvez o maior sentido da vida na Terra seja buscar o equilíbrio. Na natureza, ambientes intermediariamente disturbados são os mais ricos em espécies. Na política você nunca pode apostar tudo em um determinado candidato ou partido: confiar cegamente te torna ignorante e te faz negar o óbvio. Na história da humanidade, as maiores guerras iniciaram pelo extremismo – que nada mais é que a ignorância gerada pela falta do pensamento crítico (a falta de um meio termo).

Assim também é sua vida financeira, que reflete diretamente nas suas possibilidades de viver sua vida com conforto ou em guerra consigo mesmo.

Você entrará em conflito diversas vezes sobre o que fazer: comprar ou não, viajar ou não, trabalhar ou não, se divertir ou não...

A chave para todas essas perguntas é o equilíbrio.

Pondere o que você já fez, o que pode esperar e o que precisa ser feito naquele momento.

A chave para a melhor escolha é nunca deixar de pensar. Nunca faça por hábito, por comodismo ou pela opinião de terceiros. Faça porque faz mais sentido naquele momento, faz mais sentido no seu planejamento e na sua forma de equilibrar as coisas.

Durante toda a minha vida eu tive vários exemplos do que fazer, e também do que não fazer.

Você deve conhecer duas pessoas que recebem salários parecidos, mas possuem condições de vida e conforto totalmente opostas.

Sempre existe aquela pessoa que guarda absolutamente tudo que ganha: não compra o que gostaria de comer, não viaja para onde gostaria de ir, não se importa com o próprio bem estar...

Ou seja, passa pela vida tão preocupada em guardar tudo que ganha, em economizar, em acumular dinheiro, que quando viu a vida passou e o dinheiro está lá, não servindo mais para nada.

Por outro lado, também existem as pessoas que antes mesmo de receber já gastaram tudo, se endividam com cartões, com amigos e com familiares. Todo o dinheiro gasto vai para itens supérfluos, que excluem a possibilidade de ter um conforto maior lá na frente. A cada atraso no pagamento das dívidas os juros explodem e a bola de neve se torna incontrolável.

Esse tipo de pessoa é aquele que sempre vai dizer para você que não adianta fazer planos e economizar por um propósito maior, afinal você pode morrer amanhã e tudo terá sido inútil. Entretanto, o que acontece é que elas passam décadas na agonia de tentar pagar dívidas que nunca conseguem, não constroem nada durante a vida e também não a aproveitam.

Se você quer ser acima da média você precisa estar em um meio termo entre esses dois tipos de pessoas.

Não pode gastar tudo antes de receber, nem guardar tudo sem ter conforto. Seja a pessoa que aposta no seu conforto, mas também no seu legado, nas suas lembranças.

Evitar ser um desses opostos é na verdade simples, e talvez por isso deixe de ser fácil.

Se você se planeja e destina fatias do seu faturamento para cada objetivo, manter-se no meio termo é muito mais fácil.

Contudo, se você não põe na ponta do lápis para onde vai cada centavo você também pode alcançar o equilíbrio dos gastos (talvez não com a mesma precisão, mas é possível).

Tudo que você deve fazer é PENSAR a cada novo gasto.

Sempre que você for ao mercado, ao shopping, à uma loja, ou clicar em um anúncio você deve refletir se aquele novo gasto é necessário (você realmente precisa disso?), ou se você só está comprando para satisfazer seu desejo momentâneo, completamente emocional.

A verdade é que o que faz a maioria das pessoas comprarem coisas desnecessárias é a sensação prazerosa de adquirir um novo bem.

Quantas coisas você já comprou no impulso, chegou em casa e percebeu que nunca usaria aquilo, ou que aquilo se tornara totalmente inútil?

A sensação prazerosa de adquirir um novo item passa rapidamente, e o que sobra são as contas a pagar.

Por isso, na busca por equilibrar suas finanças, busque sempre PENSAR: seja planejando ou refletindo a cada nova possibilidade de gasto.

No começo pode ser difícil controlar seus impulsos de compra, controlar a vontade de comer uma pizza em plena terça-feira, ou se esbaldar na praça de alimentação do shopping na quarta e na quinta. Mas quanto mais você praticar o controle nessas situações, menos dolorosa se torna essa ação.

Você pode e deve fazer suas vontades de vez em quando, basta se planejar para que isso não impacte mais do que deveria no seu bolso.

Tente controlar seus impulsos de compra durante um mês...

No primeiro momento você vai se sentir mal por não comprar algo que lhe chamou atenção, ou comer algo que você tinha vontade naquele momento.

Um exercício válido nesses momentos é escrever no bloco de notas do seu celular quanto dinheiro você evitou de gastar em cada dia.

No final do mês você perceberá que evitando gastos corriqueiros, lhe sobrará dinheiro para alcançar grandes objetivos após alguns meses, como: trocar de carro, viajar internacionalmente ou até investir na sua aposentadoria.

Por mais que seja contraintuitivo você não fazer o que queira momentaneamente, a sensação de dever cumprido no final do mês será muito maior que qualquer satisfação por comprar itens supérfluos.

Afinal, a satisfação por comer algo que você gostaria não durará 3 horas, mas quanto vale a experiência de viajar para outro país, de se aposentar sem ajuda do governo, ou de poder trocar seu carro cheio de defeitos por um carro com mais conforto e menos problemas?

Quanto vale ao certo é difícil ponderar, mas certamente essas experiências serão muito mais duradouras que a saciedade de um momento de impulso.

O mesmo vale para todos os aspectos da sua vida.

O preconceito, a intolerância, as guerras e a ignorância partem todos do mesmo ponto: o extremismo.

Se você parar para pensar, por que as pessoas brigam na rua ou nas redes sociais?

Porque os envolvidos defendem veementemente seus pontos de vista sem se interessar pelo que faz mais sentido. O que importa é estar certo, mesmo que não se tenha argumentos ou que estes não façam sentido.

Independente da sua crença ou da sua formação, você precisa no mínimo respeitar a opinião do próximo.

Claro que em um cenário ideal, você convenceria ou se deixaria convencer de acordo com os argumentos e as informações apresentadas, mas eu entendo que esse seja um processo longo de amadurecimento.

Se você não consegue dar o braço a torcer hoje, por que isso acontece?

Dando o braço a torcer e formando sua opinião baseada em argumentos e informações sólidas, você não vai ser pior que ninguém, mas será diferente de muitos!

Pense no seu tio, ou em alguém que nasceu nas gerações passadas:

Vocês precisam cumprir uma tarefa, mas para isso precisam entrar em acordo.

Pessoas de gerações divergentes dificilmente terão a mesma opinião. As coisas mudam, se atualizam, se tornam mais eficientes ou mais complicadas.

Mas o fato é que você não conseguirá mudar a opinião do seu tio mesmo que apresente os melhores argumentos.

Por que?

Porque ele simplesmente não aceita uma opinião diferente da dele por diversos motivos: porque ele não conhece seu ponto de vista, nunca ouviu falar da sua alternativa ou pelo simples fato de não aceitar uma opinião diferente da dele.

Mesmo que você apresente os melhores argumentos e as informações mais confiáveis, vocês nunca chegarão em um ponto médio e sempre estarão em conflito de interesses.

Independentemente de quem esteja certo, essa situação atrasará ambos e possivelmente estremecerá a relação entre vocês.

Agora pense em uma empresa: se o seu funcionário não aceita o que você prova com argumentos, simplesmente porque ele não quer dar o braço a torcer, o que acontece?

A empresa se torna menos eficiente, com uma relação ruim entre os funcionários, e na maioria dos casos, menos produtiva.

Ser ignorante e teimoso atrapalha a todos, inclusive a ele que pode ser demitido pelo simples fato de querer mostrar que sua opinião é "melhor que a de todos".

Percebe como o extremismo e a necessidade de se provar correto só atrapalham?

Na sua vida você deve buscar o que é melhor para você, não o que alimenta seu ego.

Admitir um erro e mudar de opinião é o caminho mais curto para aprender e alavancar seu conhecimento.

Se você não gosta de cumprir uma tarefa com seu tio porque é impossível de argumentar com ele, seja você o primeiro a permitir que as argumentações aconteçam.

Talvez você não mude o mundo sendo uma pessoa mais fácil de lidar, mas com certeza mudará o mundo das suas relações.

Seja na política, na religião, no trabalho ou nas finanças, a melhor saída é sempre buscar o equilíbrio!

DESFRUTE O SUCESSO

Até esse ponto do livro nós já vimos diferentes formas de construir nosso próprio sucesso e manter um equilíbrio entre uma vida pautada em metas e conforto.

Percebendo como é fácil alcançar e se manter em sucesso crescente, você fatalmente será tentado a esquecer seu conforto e bem estar, e focar exclusivamente em elevar ainda mais seus resultados.

Se você levar para a vida as coisas que você aprendeu nesse livro, é certo que quase sempre você colocará suas metas na frente do seu conforto e das suas experiências.

A sensação de ser bem sucedido e chegar onde poucos chegam alimentará seu ego, e você vai começar a pensar que você não precisa viver, não precisa de amigos, não precisa da família e nem de experiências novas, focará 100% no sucesso, no dinheiro e nas coisas que você poderá continuar adquirindo com o foco acima da média que você tem.

Eu estou aqui para dizer que você não é um caixa eletrônico!

Não sei se você é muito fã de futebol, mas boa parte dos jogadores que alcançam o acesso sem estarem preparados para isso, acabam por destruir suas carreiras, famílias, seu patrimônio ou sua saúde mental.

Frequentemente me deparo com depoimentos de jogadores que por se deslumbrarem com suas gordas contas bancárias, acreditaram que poderiam comprar a felicidade em forma de carros, mansões e ostentação.

Sabe qual o destino mais comum destes jogadores? Acabarem sem amigos, família ou dinheiro e muitas vezes em depressão.

Por outro lado, você mesmo deve conhecer pessoas felizes pelo simples fato de poderem levantar cedo de manhã e compartilhar uma caminhada na praia com uma pessoa querida, ou ouvir os passarinhos cantando na janela de casa enquanto desfrutam do café na companhia da família antes de ir trabalhar.

O que eu quero te mostrar com essa história é que você pode buscar a felicidade da forma que você quiser, mas nunca a encontrará em um lugar que não seja dentro de você.

Bens materiais servem mais para terceiros do que para você mesmo.

Sabe quando você compra um par de tênis novo e nos primeiros dias você toma cuidado onde pisa para não arranhar além de limpar os tênis toda vez que chega em casa, mas depois de 3 semanas usa-os até para andar na lama?

É isso que acontece quando você aposta sua felicidade em bens materiais.

Eles se tornam cada vez menos importantes, e na ânsia de buscar novamente a falsa sensação de felicidade você compra mais coisas, que novamente se tornam pouco e você novamente compra novos bens materiais. Quando você percebe, todo o dinheiro se foi junto com a falsa sensação de felicidade.

Isso mostra claramente que não adiantam todas as vitórias do mundo se você não tem com quem celebrar, se você não estiver feliz consigo mesmo.

E quando eu digo celebrar, não estou me referindo a festas e eventos grandiosos.

Me refiro à tomar café com um bolo recém saído do forno em um final de tarde de domingo.

Independente se você possui um relacionamento amoroso com alguém ou não, toda felicidade se multiplica quando é compartilhada.

Você deve construir o sucesso ao longo da vida, mas nunca deixe de levar consigo o que lhe faz feliz.

Se o que te faz feliz é estar na presença dos seus amigos, mantenha-os por perto. Se o que te faz feliz é poder estar com o amor da sua vida, invista seu tempo nisso também.

Todo o sucesso do mundo se torna fracasso se você não é feliz!

Construa o sucesso dia após dia, mas aprenda a desfrutá-lo com quem sempre esteve ao seu lado. Desfrute o doce sabor da vitória com quem esteve ao seu lado nos dias de batalha.

Inclusive, se você ainda não percebeu como a felicidade mora nas pequenas coisas e não em grandes eventos, vamos refletir sobre alguns episódios da sua vida...

Pense nos momentos que você passou na escola ou na faculdade.

Aqueles momentos que você se lembra com carinho ou com vergonha, aqueles momentos impossíveis de não sorrir ou gargalhar ao lembrar...

A grande maioria desses momentos se passaram em dias comuns, vividos ao longo do ano letivo, estou certo?

Poucos, ou nenhum deles se passam durante sua formatura – o grande evento da trajetória escolar ou acadêmica.

E por que isso?

Porque são nos momentos singelos que desfrutamos dos relacionamentos no sentido mais puro da amizade: sem alarde, sem enfeites, sem roupas de gala.

São nos momentos singelos que os laços mais fortes são construídos, e cabe a você garantir que a singeleza permaneça na sua rotina!

Durante o trajeto da vida, nós descobrimos por quem vale a pena lutar, quem lutaria por nós e quem lutaria conosco. Leve o aprendizado do trajeto para a linha de chegada.

Se você viveu momentos inesquecíveis com pessoas únicas durante as batalhas da vida, imagina as histórias que você pode construir depois de vencer suas batalhas...

O sucesso você experimenta em pequenas doses diariamente, e a felicidade você também cultiva rotineiramente?

Vá viajar, convide para um café, saia para jogar boliche, para confraternizar em um barzinho ou simplesmente para conversar sobre assuntos aleatórios.

Independente do que seja ou com quem você esteja, desfrute a felicidade de momentos singelos.

Afinal, o que é a felicidade senão o sucesso compartilhado?

VIVA PARA TER O QUE LEMBRAR

No capítulo anterior, falamos sobre a necessidade de além de alcançar o sucesso, também desfrutá-lo. Nesse capítulo trataremos da construção de lembranças a partir desses momentos.

Não importa sua raça, cor, classe social ou nível de sucesso, vai chegar um momento na vida em que seu maior tesouro serão suas lembranças.

Chegará um momento em que você não terá mais a mesma disposição que tem hoje, que seu corpo não corresponderá ao seu cérebro, e que você não terá o mesmo poder de decisão sobre suas ações como você tem hoje...

Não pense nisso como uma tragédia nem como algo a ser evitado, é o ciclo natural da vida. Se você chegou nessa fase é porque pôde viver a vida e ter chegado no final dela.

Talvez quando você chegar lá, seja difícil entender que suas habilidades e capacidades tenham diminuído a ponto de você não conseguir fazer as coisas que fazia corriqueiramente.

Só vai restar para você aceitar seus limites e continuar brindando a vida, torcendo para que você tenha cultivado além de conforto, relações de amor, amizade e carinho.

Na verdade, brindar a vida na sua velhice está totalmente relacionado com a forma que você viveu durante seu caminho.

Aqui eu tenho dois exemplos totalmente antagônicos para te mostrar como a velhice é mais cultivada que sorteada.

Eu tive um parente distante que passou a vida construindo bens materiais e celebrando o dinheiro. Sempre havia uma nova oportunidade de ganhar mais e mais dinheiro, nem que para isso precisasse puxar o tapete de alguém.

Sempre que surgia o assunto velhice, a resposta estava na ponta da língua: você não precisa de amigos na velhice, precisa de dinheiro. Porque com dinheiro você paga alguém para cuidar de você se necessário.

Pois bem, mantendo esse pensamento e angariando cada vez mais bens, ele ficava mais rico a cada dia que passava.

Os dias foram passando, a disposição e a saúde diminuindo, e a necessidade de ter alguém por perto cada vez aumentava.

Entre os valores ensinados aos filhos, imperava o culto ao dinheiro. Afinal de contas, se o dinheiro pudesse pagar alguém para lhe cuidar na velhice, por que os filhos estariam por perto?

A senescência (velhice) foi aumentando dia após dia, até que chegou o Alzheimer.

Enquanto as próprias memórias começavam a partir, tudo que restavam eram os relacionamentos cultivados ao longo da vida.

Sem amigos e com os filhos lutando entre si pela partilha da herança, seus últimos dias foram acompanhados por dois cuidadores desconhecidos – remunerados para isso.

Por outro lado, também vi uma história totalmente antagônica à essa, acontecer diante de mim.

O grande ídolo que eu tenho e terei na minha vida sempre pregou que no fim da vida, nos restam as memórias e os frutos das coisas boas que vivemos – especialmente as amizades.

Ele sempre disse e reafirmava que nada é mais importante que estarmos com as pessoas que gostamos, que tudo que a gente planta, colhe e que o dinheiro é um mero número na mão dos tolos.

Durante sua vida ele teve o tapete puxado algumas vezes, trabalhou como poucos e ensinou valores aos filhos que poucos teriam o discernimento de ensinar.

Tudo que ganhava era e precisava ser partilhado entre a família e os amigos.

O grande prazer da vida sempre foi trabalhar, estar em meio à natureza e ver as pessoas próximas felizes, nem que isso fosse lhe custar todo o trabalho e a dedicação que ele tinha.

Seus bens foram sendo doados aos filhos à medida que cada um construía sua própria vida.

Mesmo sem estudo, garantiu a oportunidade de os filhos traçarem o caminho que ele não pôde. Todos estudaram e receberam incentivo e apoio financeiro para isso.

Recebia em sua casa diariamente seus amigos, com um bom humor que nunca lhe faltara e sempre pronto para compartilhar o chimarrão e as conversas sobre a vida.

No fim da vida, passou seus dias contando histórias e ensinando aos mais novos as coisas que aprendeu na prática durante a vida, trabalhando dentro das suas limitações em meio à natureza na casa do sítio, com dezenas de amigos próximos e todos os filhos ao seu lado.

Comparando essas duas histórias, a gente percebe que colheremos da vida o que semeamos ao longo dela.

Se você cultivou somente o dinheiro, viverá somente com dinheiro. Se cultivou amizades e bons momentos, colherá amigos e boas lembranças.

E mesmo que lhe faltem as lembranças, as pessoas nunca esquecerão os momentos, as conversas e os sentimentos que compartilharam com você.

Percebe como você pode ser tão rico, mas ao mesmo tempo tão pobre?

Por isso, julgue suas possibilidades sempre pensando em ter o que lembrar.

Por vezes durante a frenética rotina de trabalho e estudos, não demos o devido valor aos momentos que se tornarão lembranças doces.

Uma coisa que eu sempre faço e pode te ajudar com isso, é sempre refletir sobre as possibilidades.

As vezes um amigo lhe convida para tomar um café ou ir a um barzinho, mas você se planejou para treinar ou para ler um livro.

Nesses casos, dificilmente você precisa abrir mão de uma coisa para ter a outra...

Se você precisava daquele dia de treino, transfira-o para o próximo dia de descanso, se precisava ler, acorde mais cedo amanhã e leia o que você se propôs a ler. É tudo uma questão de prioridade e criatividade no planejamento.

Sempre que você se deparar com situações onde precisa escolher entre amigos/família/amores e sua vida particular, pense nas suas lembranças daqui a 6 meses...

Se você treina todo dia, aquele dia específico de treino será esquecido dentro de 6 meses. Se você lê rotineiramente, esse momento de leitura não será lembrado em 6 meses. Mas independente da frequência que você vê seus amigos, um momento compartilhando histórias e sorrisos será lembrado por longos anos tanto por você quanto por seus amigos.

Você não precisa e não deve deixar de cumprir seu planejamento para compartilhar momentos com alguém, mas você sempre pode ajustar seu planejamento para unir as duas coisas.

Por isso, sempre faça as coisas pelas quais você lembrará com orgulho depois.

De nada adianta você construir impérios se toda vez que você pensar neles, lembrará dos tapetes que puxou ou das inimizades que criou.

A vida é linda, prazerosa e gratificante se assim ela for construída.

Construa seus tesouros com trabalho, bons momentos, sorrisos compartilhados, relações cultivadas e sentimentos recíprocos. Afinal, chegará um dia que as lembranças serão seu maior tesouro, viva para ter o que lembrar!

ANTES FEITO QUE PERFEITO!

É hora de colocar em prática!

Chegamos ao final do livro, e até aqui você viu, refletiu e aprendeu na prática quais os pontos que lhe farão ter sucesso ou fracassar em cada etapa da sua vida.

Agora que você já sabe o caminho, não tem mais desculpas para não ter sucesso ou achar que o sucesso não é para você!

Não adianta você traçar o melhor planejamento, a estratégia mais complexa e bem elaborada, se você não aplicá-la.

Ficar só na teoria é o que faz as pessoas não conquistarem o sucesso mesmo quando estão preparadas para isso!

Por isso, sua missão a partir de agora, é aplicar os conceitos que você aprendeu aqui. Se necessário, faça um checklist dos conceitos que você precisa integrar na sua vida a partir de hoje.

Faça o que faz seu coração bater mais forte, mantenha-se atualizado, absorva tudo que puder durante a vida, construa seu planejamento pautado na consistência da rotina, estabeleça suas metas, tenha um momento só para você, lute com disciplina e consistência, prime por conhecer e se fazer conhecido, saiba valorizar seus relacionamentos e interromper os sanguessugas, esqueça a opinião dos outros, sujeite-se a ser acima da média, mantenha a humildade, seja grato, esteja sempre em processo de autoavaliação, se necessário recalcule sua rota, busque sempre o equilíbrio, desfrute suas conquistas e viva para ter o que lembrar!

De nada adianta você possuir o mapa do tesouro se não cavar para encontrá-lo...

Levante-se agora e comece a alcançar o sucesso que você sabe que te espera!

A você meu leitor, estarei sempre disponível para trocar ideias e conversar sobre a vida e o que ela tem para nos ensinar.

Você me encontra em:

facebook.com/treinamentoaprova

instagram.com/treinamentoaprova

www.treinamentoaprova.com

SOBRE O AUTOR

Gabriel Preuss é biólogo, mestrando em ecologia e conservação, fundador do Treinamento Aprova ® e aficionado pelo comportamento humano. Durante sua vida, sempre buscou planejar cada passo e percebeu que o planejamento é o que constrói pessoas bem sucedidas. Depois de publicar dezenas de trabalhos acadêmicos, decidiu variar seu repertório de escrita buscando mudar a vida de pessoas leigas pelo instrumento da leitura. Sua maior motivação é mostrar às pessoas que é possível mudar de vida e viver acima da média pelo simples fato de pensar e planejar sua vida. Tendo como maior inspiração a figura de seu ídolo e avô, busca ensinar valores pessoais e conceitos financeiros que aprendeu na prática durante a convivência com pessoas acima da média. Possuindo uma visão sistêmica da educação, tenta ensinar por meio dos livros o que não se aprende na escola e normalmente não se vê sendo aplicado no dia a dia. Em outras palavras, busca instruir pessoas a se tornarem acima da média.